ELLA LLAMA DIOS PAPÁ

Identificar, Mejorar y Superar Las deficiencias a Través Escrituras

ELLA LLAMA DIOS PAPÁ LIBRO DE TRABAJO

DR. ARIE LOUISE FORSHE, PH.D, MSW

WESTBOW
PRESS®
A DIVISION OF THOMAS NELSON
& ZONDERVAN

Santa Biblia
Version Popular, Segunda Edición, American Bible Society
Text Copyright 1966.1983 Sociedades Biblicas Unidas Isbn 1-58516-079-2

Puede hacer pedidos de libros de WestBow Press en librerías o poniéndose en contacto con:

WestBow Press
A Division of Thomas Nelson & Zondervan
1663 Liberty Drive
Bloomington, IN 47403
www.westbowpress.com
1 (866) 928-1240

Debido a la naturaleza dinámica de Internet, cualquier dirección web o enlace contenido en este libro puede haber cambiado desde su publicación y puede que ya no sea válido. Las opiniones expresadas en esta obra son exclusivamente del autor y no reflejan necesariamente las opiniones del editor quien, por este medio, renuncia a cualquier responsabilidad sobre ellas.

ISBN: 978-1-5127-1154-7 (tapa blanda)

Numero de la Libreria del Congreso: 2015914570

Numero de la Libreria del Congreso:

Las personas que aparecen en las imágenes de archivo proporcionadas por Thinkstock son modelos. Este tipo de imágenes se utilizan únicamente con fines ilustrativos. Ciertas imágenes de archivo © Thinkstock.

Información sobre impresión disponible en la última página.

Fecha de revisión de WestBow Press: 02/17/2016

LA TABLA CONTENIDO

Dedicación vii

Adelante ix

Reconocimiento xi

Capitulo 1 ¿Sabia Usted Que Dios Queria Que Fuera Mi Papá? 1

Capitulo 2 Mi Papá Es Impresionante 5

Capitulo 3 Mi PapáDejada Mi Saber Porque Estoy Sufrimiento 9

Capitulo 4 Mi Auto-estima Viene de Mi Papá 21

Capitulo 5 ¿Usted Sabe Que Mi Papá Mi Dijo Que Soy Único? 27

Capitulo 6 Heredé Algunos del Poder de Mi Papá 35

Capitulo 7 ¿Quién Es Mi Modelo a Seguir Mi Papá? 39

Capitulo 8   ¿Usted Sabia Que Mi Papá Dijo Afirmaciones Espirituales Eres Alimento
Para La alama? 45

Capitulo 9 Esos Quien Tiene Leer Algunos de Lección de La vida de El tiempo
Biblico Que Mi Papá Dejado Atrás 51

Capitulo 10 Mi Papá Quiere Que Usted Disfrute de Los frutos del Espiritu 55

Capitulo 11 Tango Algunos de Gloria de Mi Papá 61

Capitulo 12 El liderazgo 73

Capitulo 13 ¿Qué Pasa? 81

Capitulo 14 Una Vida Sin Equilibrio 89

Capitulo 15 Las cartas 95

DEDICACIÓN

Ésta libro es dedicado a Dios la más alto, Mi Papá

Este libro está disponible en Inglés tambien

ADELANTE

Ésta el libro es diseñado a ayudar los consejeros, los trabajadores sociales y las personas en edificio su el auto estima a través de los principios de Dios y valores. El libro de trabajo puede tambien ser usado a ayudar las personas en su crecimiento spiritual.

RECONOCIMIENTO

Algunos de las cosas que mi Papá tiene muestrar mi, que quieró a compartir con ustdes como un consejero. Encuentró esta infomación necesario a ayudar los demas. Ésta libro de trabaja bien tambien con ayudando ti mismo y desarrollar una relación personal porque Dios es nuestro el padre. El libro de trabajo puede ser usado por cada uno.

Ésta el libro es para hijas,y que les padres eres fallecido. El libro puede ser usado por hijas que sentir ellas querer más amor incondiciónal. Es el libro que puede tambien ser usado para mujeres con espiritu roto. El libro va ayudar sanar su emociónes y levantar su espiritu, y su auto estima. El libro va ayudar la gente tener mejor relación con Dios.

CAPITULO UNO

¿Sabia Usted Que Dios Queria Que Fuera Mi Papá?

3, de Enero 2014
Gracias Papá
Por
Amarme y haciendo tu
Instrucción Claro.
Gracias – ABBA – El padre
Marcos 14:36
Romanos 8:15
Gálatas 4:6
Te Ama
Tu Hija

CAPITULO DOS

Mi Papá Es Impresionante

6 de Enero 2015

Tengo llamado Dios, de Papá para seis dias. Dios tiene mostrado mi mucho afecto como mi padre desde el 20th de Enero. Tuve un grande encuentro con mi papá. Fui acostado pensamiento como especial me siento como Dios como mi papa.

Él trajo el gozo en mi espiritu que las palabras no pueden explicar. Empiezó a pensar sobre todo los atributos diferente Dios tener mostró mí como su hija cual eres: el amor, la paciencia, la amabilidad, el comprendendo, la gracia, la misericordia, y el compasivo. Su correción, su dirección, y su protección. Pensé de este diagrama

Diagrama 1   6 de Enero 2015

D
I
O
S

ESTOY FELIZ

GRACIAS TU PAPÁ
POR
AMARME   TU PACIENCIA   TU GRACIA
TU AMABILIDAD   TU MISERICORDIA

TU COMPRENDIENDO

TU CORRECCION

TU DIRECCION

TU PROTECCION

TE AMO PAPÁ

CAPITULO III

Mi PapáDejada Mi Saber Porque Estoy Sufrimiento

Mi papá me dejó saber por qué estoy sufriendo. Él dijo, su niños tiene sufrido en el pasado.

El Ejemplo uno: A veces tenemos sufrido en pasado porque tenemos dijo o hecho algo malo a otra la persona. Nuestra acción no hizo represente el valores de mi papá. Entonces nosotros debe experience la misma cosa tarde en vida.

A veces cuando estoy sufrimiento digo señor por qué es ésta pasando a mí. Una imagen va aparecer antes mi ojos. Entonces yo acordaré el error yo hecho. Muchos tiempos Dios mostró mi el malo yo tener hecho. Voy decir, estoy lo siento señor y accepto el castigo.

Romanos 12:19

Los ejemplo dos: Hay tiempos cuando alguien daña tu y tu plan está hacer daño a la persona demasiado.

Un dia tu plan en hiriendo la persona. Dios hace tu sufrir para tu mal.

Entendido ésta uno como una niña, asi yo nunca usar ésta una. La venganza es mía dice el señor

El ejemplo tres: Alguna vez has tenido una conversación con alguien y Dios dijo que no habla y usted habló de todos modos. Después tu discusión, te sentias los frustrados y los confundidos. A veces usted tuvieras un dolor de cabeza. La frustración es un nivel del enojo.

En casos como estos a mi papá está tratando de proteger nos. Pero Estamos fallando a obedecer al Espíritu Santo, por lo tanto, tenemos a sufrir. Habéis presentado a este sufrimiento en te mismo por no escuchar al Espíritu Santo. Gn. 3:10-11

El ejemplo: Cuatro: A veces es posible comer demasiado de cerdo y su presión arterial se alto. Usted se convirtió en enfermos y los miembros de tu familia

Tuvieron que usted ir al hospital. El doctor dijo tiene que permanecer en el hospital durante varios días hasta que se sienta que está bien para tu a ir casa. Usted está mareado y tener un golpe ligero en la cabeza. Usted podría haber tenido un accidente cerebro vascular.

Nuestro cuerpo es el templo de Dios y tenemos que cuidar el templo. Cuando no somos capaces de cuidar el templo, sufrimos. Debemos vivir por la palabra.

El ejemplo: Cinco: Tal vez usted es una persona que trabaja todo el tiempo y que se niegan a tomar el tiempo a descansar. Usted comienza a sentirse como tú estuviera bajo una gran cantidad de estrés. Usted ha hecho una mala decisión, tú careces de la concentración. La decisión que tomaste podría afectar a su familia o trabajo.

Usted no puedo dormir por la noche y usted no eres comiendo de la manera que debería.

Eres sufrimiento porque eres fallando a tomar el tiempo de espera para obtener el resto tu necesitar. Puedes experiencia la depression debido a tu situación, La depresión bajar tu espiritu. Es enojar vuelto hacia adentro.

Mosés experiencia depresión. Numero 11:14

El ejemplo Seis: Si quieres, puedes comprar ropa nueva todo el tiempo, pero no puedes pagarlos la ropa todo tiempo. Pero tu continúa a comprar la ropa en su tarjeta de crédito. Ahora usted no puede permitirse el lujo de pagar la cuenta. Usted nunca tiene dinero. Estás depresión todo al tiempo.

Sufró porque tu falte uno de el fruto del espíritu de auto-control con tu dinero. Gálatas 5:22-23

El ejemplo Siete: Recuerdo cuando estaba en la escuela y trabajó al mismo tiempo. No tomé el tiempo para leer mi Biblia o rezar por la mañana. Pequeñas las cosas haria mi intranquilo y frustrado.

Si yo estaba conduciendo, y el conductor delante de mí me está llegar en mi nerviosa porque el no hizo tener la señal de luz en. Me pongo a trabajar y tengo muy poca paciencia con mis compañeros de trabajo. Empiezo a sentir estresado.

Estoy sufriendo porque he dejado de comer mi comida espiritual en la mañana. Soy débil espiritualmente.

El ejemplo Ocho: Puede haber un momento en tu vida en la que tú sabes que Dios te llama a hacer algo y usted es negarse a hacerlo. Dios ha sido paciencia y tú todavía se niegan a hacerlo. Tu vida comienza a cambiar para lo peor.

Usted está sufriendo porque tú niegan a obedecer a Dios.

Jonás y la ballena
Jonás 1-4

El ejemplo Nueve: Una vez yo estaba Visitando mi amiga y fue en la noche. Salí de mi coche y yo estaba caminando a su edificio de apartamentos, y el Espíritu Santo dijo tome su tarjeta de crédito, su dinero, y la licencia de conducir fuera de tu bolsa. Cuando llegué a mi locación, me olvidé y no pensé más en ello.

En el camino de vuelta el coche, yo estaba caminando y no había nadie a mí alrededor. Nunca vi a nadie detrás de mí o delante de mí. Cuando llegué a mi coche, yo no tenía mi bolso. La bolsa simplemente desapareció.

Yo sabía que lo tenía la bolsa cuando salí de casa de mi padre. Al día siguiente, yo no tuve nada de dinero. Tuve que renovar mi licencia de conducir e informar de mis tarjetas de crédito a mis acreedores.

Dios estaba tratando de protegerse, pero yo no estaba escuchando. Debemos obedecer al Espíritu Santo, y debemos actuar cuando Dios está hablando con nosotros o nos va a sufrir.

Ex. 11: 9-11

El ejemplo: Diez

Hay momentos en que sufrimos por la Gloria de Dios.Tal vez usted tiene un ser querido que no está salvos y que está tratando hacer la persona amor Cristo. Tu está parado en la brecha hasta que ese ser querido da su/ su vida a Cristo.

Mt. 16:21-28

El ejemplo Once: Sufrimos cuando Dios pone a la prueba nos de fe. Queremos a ver si de él va conteste nuestras oraciones.

Gn.16: 13

El ejemplo Doce: Dios permite que sufras, para que pueda desarrollar el carácter en ti, tales como: la humildad, la paciencia y la bondad, etc

Gá. 5:22-23

Primero cuando tu poner la gente, lugares, y cosas antés Dios.

Estos son idolatria en el tiempo de hoy

1. Las drogas
2. El alcohol
3. El juego
4. El dinero (El amor de dinero)
5. La comida
6. El Sexo
7. La relacion

¿Qué pensaría usted de nuevo a malos tiempos en tu vida, puedes recordar pro qué tu sufría a veces en tu vida?

Conteste las siguientes las preguntas

1. ¿Puedes tu recorder un tiempo cuando tu fue sufrimiento?
   Explicar:

2. ¿Que la lección hizo aprendes?

3. ¿ Por qué hacer pertenecemos a dios?

4. ¿Debemos olvidar que tenemos que pagar por nuestros malos errores?

5. ¿Que hizo tu aprendes sobre tomando cosas en tu propio manos?

6. ¿Hizo tu nunca tiene una coversación y Dios dijo no a hablar y tu hizo? Explicar

7. ¿Qué hizo tú aprender?

8. ¿Tienes nunca comer algo que no fue bueno para el temple de Dios? Explicar

9. ¿Que hizo tu aprender sobre tu comiendo habitos?
   Explicar

10. ¿Haces saber cuando tu eres sufrimiento y por qué tu eres sufrimiento?

11. Recordó un tiempo tu hecho un malo decisión.
    Explicar

12. ¿Que la lección hizo tu aprendes de tu mala decisión?

13. La lista de _____ (idolos) tienes o tuvo en tu la vida.

14. ¿Fue las problemas ocurrido en tu la vida debido a ____ (idolos)? Explicar

15. ¿Tienes el problema de la salud debido de la _____ (idolos)?

16. ¿Haces alguno les problemas financieros? Explicar

17. ¿Tienes perdido alguno los amigos cercanos porque de ____ (idolos)?

Diario

Mantenga un diario de tu sufrimiento

El caso Uno: El problema

¿Que La causa Sufrimiento?

¿Que hizo tu aprende?

¿Hizo tu arrepentirse?

¿Cómo quieres que manejar ésta situación? El camino de Al Señor. Él es bueno.

¿Que está Dios es tratando a decir tu?

¿Que haces pensar Dios quiere tu a aprender?

El caso Dos: El problema

El sufrimiento

Los errores	1 S. 18:7-1
	Gá. 6:7-8
El pecado	Gn. 3:14-19
	Lv. 4:1-12
	Jn. 5:1-14
	Mr. 7:1-23
	Mt. 8:1-14
	Ro. 3:9-20
El comportamiento	Gn. 3:1-24
	2 S. 11:26-27
	Lc. 12:1-2 y2 Ti 2:22
El pecado Oculto	Ex. 2:11-17
	Mt. 5:27
El castigo	Nm. 15:30
La Tentación	1 Co. 10:13
	Stg. 1:14
	1 Co. 10:13
	1 Co. 10:13
	Stg 1:14

El Sufrimiento para la Gloria de Dios	Is. 61:1
	Jn. 9:2-3
	Jn.4
Probar Nuestra la fe	Stg 1:2-4
	1 Pe. 4:12-13
Demostrar Nuestra Relación	He. 12:8
	Pe. 3:11-12
Para Producer La Cosecha	Gá. 5:22-23
	1 Ts. 2:12
Para Producir santidad	1Co. 7:1
	Ef. 1:4
	He. 12:10
	1Ti. 3:12

¿Que causa el sufrimiento?

¿Que hizo tu aprendes?

¿Cómo quieres que manejar ésta Situación? El camino de Al Señor, él es maravilloso.

¿Que haces pensar Dios es tratando a decir ti?

¿Que hace tu pensar Dios quiera tu aprende?

¿Hizo tu arrepentirse?

¿Cómo quieres que ésta situación manejado? El camino de Al Señor, el es poderoso.

Que haces pensar Dios es tratando a decir tu?

¿Que haces pensar Dios quiera tu a aprende?

El Caso Tres: El problema

¿Qué es la causa el Sufrimiento?

¿Que hizo aprendes?

¿Hizo tu arrepentirse?

La Completa las Oraciones

1. Cuando hago un error
2. Yo Realizer yo hecho un error
3. Pecado es
4. Cuando yo pecado
5. Mi comportamiento es un pecado porque
6. ¿Que es enojar?
7. Me gusta a pecado
8. Hay fue un tiempo tuve pecado oculto
9. Mi conducta es malo
10. Yo pecado cuando
11. Cuando tentacion es presente en mi vida yo

De Enero 2014
Sabado 4:20 pm
Gracias Papá
Por
Corregirme
Protegiendome
Te Ame Papá

CAPITULO CUATRO

Mi Auto-estima Viene de Mi Papá

Autoestima
Es
Sentir Bueno
Sobre que Dios
Tiene Hecho
para ti

21 de Enero 2014

Tu Eres Mirando
En Nadie
Quien Dios
Hecho
Alguien

Gracias Papá
Amor Tu Hija
Luisa

21 de Enero 2014

Gracias Papá
Por
Adoptando Mí
Como Tu Hija

Gracias por dando mi un desde de pertencias en el mundo.

Te Amo Papá
Tu Niño
Luisa
Fecha: De Abril 78

NO: 0000001
Certificado de Renacimiento Espiritual
Un Nacimiento Espiritual
Nombre Louise Forshe

Propósito – la persona viejo en va morir y yo voy convertirse una persona nuevo

1 Co.5:15
Romano 8:15 ABBA Padre
He sido adoptado por el espíritu
Ésta es de espiritu santo
Soy 34 años en Al Señor
Sitio: En mi trabajo
Comentarios: Adios miembre de iglesia 1959 – 31 de Marzo 1978

PASAPORTE

Estados Unidos de América

Nombre de Pasaporte: 888000999

Nombre: Forshe Louise

Fecha de nacimiento de Espiritual

Abril de 1978
Estado: Illinois U.S.A.
Agencia de Pasaporte
El Espiritu Santo
Forshe

P<<<<<<<<USA <<<<<<FORSHE<<<<<<<<<<<LOUISE<<<<<<<<<

842327960usa7765421762<<<<<<<<<<<<<<<<<_____Firma

Destino: Cielo:

CAPITULO CINCO

¿Usted Sabe Que Mi Papá Mi Dijo Que Soy Único?

Los talentos y los regalos que Dios tiene dado su gente eres un parte de el auto-estima. Los talentos y los regalos tienes hacer tu especial o único.

Los talentos la gente usar su voz el cantante el soprano o el contralto. El hablar Público, El maestro/a el predicador, lector de poesía talente Usando por Las manos

Los Talentes La gente Usar su Voz

El cantante   Del soprano   o El Alto

El hablador

El hablar Público   El maestro/a

                El predicador   Lector de poesia

                Los talentos Usando a Las manos

                El bordado   Cosendo

                Trabajo del Jardin

        La cocina   La escritura

                La pintura

                Encaje de Aguja

                Trabajando Con La gente

                Los niños Los jovenes

                Los hombres Las mujeres

                Jugando un Instrumento

                De

                Musical

29

La guitarra

La arpa El piano

La flauta El cuerno

El saxófono

Cómo hace yo sober y tengo el talento? Si tú tiene un Interés y un deseo para regalo o el talento. Es un talento o regalo que necesita a ser desarrollar.

Respuestas a las siguientes preguntas:

1. La lista dos de tu los talentos o los regalos que Dios di tu que puedes usar con tu manos.
   a.
   b.

2. ¿Cómo hace tu usar estos dos los talentos para la gloria de Dios?

3. ¿La lista dos de tu los talentos que Dios dio tu usando? tu voz.
   a.
   b.

4. ¿ Cuando fue tiempo ultimo tu usas tu talento de voz para la gloria de Dios?

5. ¿Que es el instrumento musical puedes juego?

6. ¿Cómo eres tu talentos de musical usar para la gloria de Dios?

7. ¿Cómo bien tu haces trabajar con la gente de Dios?

8. La lista dos de tu los talentos o los regalos que Dios dio tú que puedes usar con tu manos.
   a.

b.

9. ¿Cómo haces usar estos dos los talentos para la gloria de Dios?

10. ¿La lista dos de tu los talentos que Dios dio tú usando tu voz?
    a.
    b.

11. ¿ Cuando fue tiempo ultimo tu usas tu talento de voz para la gloria de Dios?

12. ¿Que es el instrumento musical puedes jugar?

13. ¿Cómo eres tu talentos de musical usar para la gloria de Dios?

14. ¿Cómo bien haces trabajar con la gente de Dios?

15. ¿Cual grupo de la gente te hace trabajar bien con?

16. ¿Tienes a desarrollado el talentes que Dios tiene dado ti?

17. ¿Sabes estás responsible para desarrollo el talents y regalos que Dios tiene dado ti?

El Completo La Oración

1. Soy especial
2. Dio mi a voz a
3. Dios permite mi a usar mi manos a
4. Trabajo bien con la gente cuando
5. Sirvo Dios con mi talentos
6. Soy content Dios dio mi el ragalo

El Completo La Oración

1. Soy contento que Dios di mi el regalo de Porque me siento

2. Cuando yo uso mi talento me siento
3. Cuando yo uso mi talento me siento bien

El Completo La Oración

1. Soy contento que Dios di mi el regalo
2. Cuando yo uso mi talento él hace me siento
3. Cuando yo uso mi talento yo

Uno Sabado Mañana

25 de Enero 2014

TU HACES MI ÚNICO

Gracias Papá

La mente a Escribe

La Habilidades a enseñar

Las Habilidades de Consejeria

Las Habilidades de Hablando

Tu haces mi especial cuando tu creado mi.

Dios hecho mi único cuando él dio mí un propósito para mi vida.

Te Amo Papá

Luisa

CAPITULO SEIS

Heredé Algunos del Poder de Mi Papá

Confianza - Creencia fuerte o la confianza en Dios.

Gedeón – Desarrolla confidente en su batalla de tres cientos Soldados.
Juces 7:1-25

La confianza de Paul creció cada tiempo creer.
1Corintios. 2:15

Debemos tener confianza en Dios en orden a complacerlo.

El valiente – la calidad de mente o character que hace una persona poder a cara peligro, dolor, or problema sin miedo.

Juan pidió para el cuerpo de Jesús asi el podria dar el a entierro correcto.
Juan 10:38-20:9

La determinación –La mente a seguir Cristo y hacer su voluntad.

Samuel el último más efectivo juez para la gente. Tu debe tener una determinación a obedecer Dios. La Israelitas deber deshacerse de dioses extranjero.
1 Samuel 7:3-17

La fe – la confianza que una persona no hace pregunta Dios. La persona va confianza Dios para su necesidad

Ana quiero un niño y ella tuvo fe. Ella oró y oró hasta ella concebida y dio nacimiento.
1 Samuel 12:21

La flexibilidad – Facil a cambio, cooperar or trabajar con.

Como cristianos necesitamos a saber que nuestro plans va cambio.

"En su corazón un hombre plans su curso, pero Al Señor determina su paso.
Proverbios 16:9

Trabajo duro- un individuo establecer una meta un algo. Él/Ella puede ser usó por Dios.

CAPITULO SIETE

¿Quién Es Mi Modelo a Seguir Mi Papá?

Los afirmaciones estás a ayuda tu en tu caminar espiritual con Dios.

a. Dios quiera a hacer tú su niño.
b. Dios gracias para amarme suficiente a dame un proposito a ayuda edificio tu reino en tierra.

Desarrollamos dignidad con tus asignaciones.

c. Cuando estoy el fiel a Dios gano respeto de Dios.

El amor Propio

d. Fui hecho del amor, la imagen de Dios. Soy amor.
e. Soy un regalo de el espiritu de Dios.

El autoestima

f. Dios me ama, por lo tanto el permite mi a hacer trabajar para él.

El autoestima

g. Cuando sé, soy de pie en el poder de Dios me siento capaz de la trabajar el tiene asignado mi

Seguro de si mismo

h. La más yo la confianza Dios, mi fe se incrementa.

La valentia

i. Al Señor siempre guíame cuando hago su el camino.

La determinación

j. Al Señor, cuando creci en mi caminar espiritual con ti. Me hace feliz.

El autoestima

k. Estoy a persona bonita porque tengo una parte de la Gloria de Dios en mí.

El autoestima

l. Dios, cuando hablar con tu y la más escucho a tu la más gozo en mi alma.

El auto estima

m. El más vivo por sus valores en mi espiritu. La cerca me siento a ti.

n. Cuando el espiritu de Dios toca mi cuerpo, sé soy amado.

El autoestima

o. Voy nunca encontrar la verdadera felicidad.

La Determinación

p. Tomar una afirmación y repetirla durante treinta dias.Entonces, si usted siente que ha desarrollado o aumentar en esa area. Tomar otro afirmación repetirla el mismo la afirmación para otro treinta dias.

El auto- estima

q. Soy una persona bonita porque tengo un parte de la gloria de Dios en mí.

El auto estimo

r. Dios, cuando hablar con tú y la más escucha tú la más la gozo en mi alma.

El auto estima

s. La más yo incorporar valores en mi espiritu, la cerca me siento a ti.

El autoestima

t. Cuando Dios espiritu toques mi cuerpo, sé que soy amado.

El autoestima

u. Voy nunca encontrar la verdadera felicidad si no le agradan a Dios.

La determinación
Fuerza de voluntad, Fuerza, y De carácter

v. Tomar una afirmación y repetirla durante treinta dias.

Entonces, si usted siente que ha desarrollado o aumentar en esa area. Tomar otro la afirmación repetirla el mismo la afirmación para otro treinta dias.

La oración especial
Para
Crecimiento Espiritual

a. Al Señor por favor sana mi en seguridades, asi puedo ser usar por ti.
b. Dios estoy vulnerable en algunas áreas de mi vida. Por favor sanarme en esas áreas.
c. Cuando tu espiritu se ha roto y tienes la falta de confianza. Me siento débil en mi vida de oración.
d. Reconstruir su confianza en si mismo, asi puedes continuar a sentir fuerte. Quieras a complacerlo y darle tu mejor. Necesitas confianza en si mismo que viene de el espíritu de Dios.

Una Oración para tu de mentores

e. Dios déjame siempre ver el Dios en una persona.

CAPITULO OCHO

¿Usted Sabia Que Mi Papá Dijo Afirmaciones
Espirituales Eres Alimento Para La alama?

Mi papá es un espíritu que formado si mismo en un hombre que venir a tierra. Dios llamado a si mismo Jesús cuando el caminado sobre la tierra. Dios ama mí muy mucho. Él morir para nuestra pecados. Porque de mi papá de carne, yo aprendido a pensar, acto y cómo tener control de yo mismo.

Mi papá quiera nos a enseñar y compartir con otros como Jesús hizo.

1. El arrepentimiento – pide Dios a te perdone de tu mal.

Debemos arrepentir nos cuando tenemos hecho mal y compartir con otros cómo importante es a pide Dios a perdónanos. Mateo 4:17

Cuando un individuo se arrepiente él debe hablar a el señor.

Lo siento por favor perdón mí. Rey David arrepentido cada tiempo el hizo mal.

II Samuel

El arrepentimiento hace cosas:

A. El individual se da por vencido el pecado.
B. La persona que se está convirtiendo en Dios.
C. ¿Tiene una relación con Dios?
D. Su comportamiento va se iniciara con el cambio.

El arrepentimiento de tu pecado. Tienes paz y tu espiritu es libre. Puedes experiencia el amor propio, y aumentan tu auto estima.

1. Jesús es Mesias

Mesias a. El ungido por Dios Mt. 12:28
b. El poder y Sabiduria de Dios 1 Co. 1:23-24
C. El Siervo Sufrimiento
Creer los mensajes y mis milagros de mi papá.
Jesús sanado un hombre lisiado quien no puede caminó.

El hombre fue lisiar para años en la Piscina de betesda.
Jn. 5:1-18

Jesús usos los maestros. Los maestros quiera tu a aprendo asi puedes comprenda Jesús fue preocupación sobre la gente.

Jesús fue predicador. Él fue preocupación sobre la gente ser comprometidos a el padre. Él quiere nos a ser fiel tambien.

Jesús sanando la enferma, fue preocupación sobre todo el cuerpo. Él sanado la gente físicamente, mentalmente y espiritualmente.

Cuando piensas sobre cómo Jesús fue preocupado sobre la gente, se le a da el honor. Honor siempre desarrollar dignidad en la gente, su preocupación debe mostrar el amor para la gente. Él enseña a nos cómo lo respeto y su padre. Entonces podemos aprender a respecto cada otro y nosotros mismos.

El Completo las Oraciones

1. Cuando yo oido el nombre Jesus yo
2. Jesús hecho un hombre ciego ver haces me siento
3. Jesús caminó en agua haces mi
4. Cuando yo pensar sobre cómo Jesús cuido para mi
5. La carazón de Jesús es
    a. Él sanó el hombre de lepra Mateo 8:1-4
    b. Jesús calma el viento. Mateo 8:23-27
    c. Jesús sanó un hombre nombre Legión.
       Legións eres demonios o espiritus maligno.

    d. Jesús camina sobre el agua. Mateo 14:33-36
    e. Jesús hace ciego hombre ver Juan 9: 35-41
    f. Jesús amor los niños pequeños
    g. Jesús elevado Lázaro de la muerte.

Cuando usted lee estas historias el da nos esperanza. Aprendemos creer y la confianza Dios para usted mismo. Estas las historias puede aliviar la depresión y tu espiritu es libre de emociónes negative. Simplemente porque tienes la esperanza y tu espiritu es hasta. La esperanza desarrollar la confianza en Dios. Si tu confianza Dios eres sentir cerca a Dios. Tu auto estima tiene aumentar.

Mi papa caminó ésta tierra_____años.

Él fue en Belén, y cuántos __ mil de Jerusalem. Él es gran

Quiero tu a creer en mi papá es _____

Él fue llamado _____

El Significando de Mesias es_____

mi papá fue su madre el primero

Jesús tuvo hermanos y sus nombres fuera_____

Mt. 13:55

Mi papá fue ____ años cuando él tomar un viaje a

Mi papá quiere nos a_____cuando nosotros pecado.

Él quiere su niños a ser _____ para el. Mi papá es

Él amor niños pequeños. Él va ser con _____en malos tiempos.

A ser gusta mi papá debemos_____ y _____

Debemos amor nuestro _____

CAPITULO NUEVE

Esos Quien Tiene Leer Algunos de Lección de La vida de El tiempo Biblico Que Mi Papá Dejado Atrás

Hay muchos gran historias de la Biblia que ayuda tu con la vida lecciones de hoy. Podemos evitar consecuencias en tu vida.

Abraham and Sara – La primera familia de paso Gn. 16

Las consecuencias de las malas decisiones Gn. 21:8-21

Daniel – El guerrero de oración Dn. 6:10 - 23

Rey David – Cuando éltuvo pecado él arrepintió. 2S. 12

Ester – Cuando su vida estaba en peligro Ester 4

Isaac y Rebecca – El favoritismo Gn. 25:28

Jeremias – Un trabajo difícil Jer. 19

Jesús –Resolver problemas y demostrar Habilidades de la gente. Lc. 6:43-45

John el Bautista - Su testimonio a demostrar su valentía para Cristo Mt.3

Jonah – Las consecuencias por desobedecer a dios Jon. 1-4

Noé – Determinar a terminar la trabajar a toda costa para Dios. Gn. 6

Apóstole Pablo – Saulo predica a Cristo, Saulo escapa a la muerte, and Saulo en Jerusalén Hch. 9:20-30

CAPITULO DIEZ

Mi Papá Quiere Que Usted Disfrute
de Los frutos del Espiritu

El AMOR   El GOZO

LA PAZ

De LARGO SUFRIMIENTO

LA MANSEDUMBRE

LA BONDAD

LA FE   LA AMABILIDAD

LA PACIENCIA

LA FRUTA DE EL ESPIRITU

El Amor – El afecto, El compromiso, La compasión

La afecto – un gusto cálido, Un sentimiento amoroso segui de o por una acción.

Pr. 4:23

El ejemplo: Dios me bendijo hoy porque él envió a alguien para darme un abrazo. Dios sabía que necesitaba un abrazo. Él le dijo a la persona que me diga que Dios le ama. Él te quiere de verdad.

El compromiso - Un compromiso o promesa, la fidelidad, el voto

Sal. 37:5

El ejemplo: Cada cristiano necesita para hacer una promesa a Dios para vivir por sus principios y valores a través de la palabra de Dios.

La compasión - La sensación de estar mal por los demás, el deseo de ayudarlos y mostrar amabilidad.

Job 6:14

La compasión es la comprensión de una necesidad individual y ayudar a la persona con la necesidad.

El ejemplo: un nuevo miembro de mi iglesia necesita un poco de ropa a llevar a la iglesia. Voy a compartir algunas de mis ropas con ella.

El amor viene de Dios.

Dios es amor. 1 Jn. 4:16

El amor es una bendecir a otros. 1Co. 13:4-7

El amor es un don de Dios.

Cuando amamos tenemos los siguientes atributos que vienen de Dios.

El amor propio   El amor por a otros

El perdón de uno mismo   El conocimiento de yo mismo

La comprensión de otros   La paciencia con uno mismo y A otros

Tienes decidido a hacer la voluntad de Dios.

alegría – Bendición y alegria

El contentamiento – feliz y satisfecho

La alegría viene de Dios cuando confiamos en él.

Filipenses 4:12

Contenido - el feliz con lo que uno tiene, o es

El ejemplo: usted tiene los problemas de la familia, pero usted está satisfecho o tiene la paz, porque crees que Dios va trabajar los problemas fuera.

El deleite - gran placer alegrarse

Ser feliz o contento

La feliz es encontrar una forma profunda de esperanza y alegría.

Mt. 5:11-12

La alegría en el Señor, y él te concederá las peticiones de tu corazón.

Sal. 37:4

Tener una profunda esperanza y alegría para Dios.

El ejemplo: El amor de Dios da una nueva cristiana gran gozo.

La risa - el sonido de la risa. ¿Cuál es el sonido de la alegría, la paz, la felicidad?

La paz es el gozo.

La paz es la clama y el resto,

ser feliz o contento.

El cuidado, la asistencia, la amabilidad

Cuando tenemos gozo que viene de Dios nosotros tener un atributo especial.

El Espiritu Santo   La Presencia de Dios

Podriamos experience la presencia de Dios por adoración.

Podemos esperiencia la verdadera adoración.

Paciencia - crece como nosotros ayudar otros.

Calma – Piensa en el mar en un día de verano calido.

Vas encontrar paz.

Nunca debemos aprovechar de la paciencia de Dios.

Jos. 23:16

EL ejemplo: Cristianos muestra que nos que podemos confiar Dios cuando no podemos ver el camino a través la situación. Podemos ser calmas porque nosotros todavía tienen la alegría.

Silencio – libre de ruido, no movimiento

Afecto – un gustando de calido siento. Un sentimiento de amor seguido por una acción. Pr. 4:23

Ejemplo: Dios bendito mi hoy porque Dios enviado alguien a dame un abrazo.

Él dijo, que Dois te ama, él realmente te ama.

Compromiso – Una prenda o promesa

Sal. 37:5

El ejemblo: Cada Cristiano necesita a hacer una promesa a Dios a vivir por su los directores y valores a través la palabra de Dios.

Compromiso - una promesa para hacer o dar algo Una promesa de ser fiel a alguien o algo, cuidado, asistencia, y amabilidad.

Compasión es comprensión una persona necesidad y ayudando una persona en la necesidad.

CAPITULO ONCE

Tango Algunos de Gloria de Mi Papá

8 de Abril 2014

Miricoles 2:00pm

Papá, me Siento asi especial

A tiene algo de tu Gloria.

Tu Gloria

Tu Honor   Tu belleza

Tu Poder

Jesús es mi Gloria.

Gracias!

El ejemplo: Dios bendijo mí hoy proque alguien a solo di mí un abrazo. Dios sabía que necesitaba un abrazo. El dejo a la persona que me dime que Dios amor ti. Él realmente te ama.

El compromiso – un compromiso, la promesa, la fiel, y el voto

Salmos 37:5

El ejemplo: Cada cristiano necesita a hacer a el compromiso a Dios a vivir por su principios y valores a traes de la palabra de Dios.

La compasión – el sentimiento de ser lo siento para otros. Es cuidado, la asistencia, y La amabilidad.

La compasión es entender una necesidad una persona y ayudar a la persona con una necesidad.

El ejemplo: Un miembro nuevo deme iglesia necesita algo de ropa para vestir a la iglesia. Voy a compartir algunas de mis ropas con ella.

El amor de Dios

Dios es amor. Gn. 1:27

El amor es una bendición a otro. 1Co. 13:4-7

El amor es un regalo de Dios,

Cuando amamos, tenemos siguiente El atributos que vienes de Dios.

El amor propio   El amor para otros

Entender mí mismo

Entender Otros   La paciencia para mí mismo y otros

Determinado a hace la va de Dios

Cuando los cristianos no pueden ser nosotros mismo con problemas, somos vienen van a experimentar el estrés.

La indicación de la tensión está que no estamos confiando en Dios con todo nuestro corazón. Ex. 16:2

Recordar cuando experimentamos el estrés en nuestras vidas. Debemos orar todo el tiempo. Vamos experiencia algo de la tensión. Sal. 62:1-2

Cuando tenemos paz hemos heredado muchos de los atributos de Dios.

La confianza en Dios

Soy feliz porque Dios vive en mí.

Tango gozo.

El gozo –felicidad, bondad, and beatitud

El contentamiento – la paz y la felicidad

El contentamiento – viene de Dios cuando nosotros confianza en él.

Fil. 4:12 El Contento –disfrutando de algo en su vida

El ejemplo: Tienes un problema con la familia, pero eres feliz o tú tener la paz, porque tu creer que Dios va trabajar los problemas fuera.

Deleite – Ser feliz o contento

El feliz es a encontrar la esperanza y el gozo.

El deleite de El Señor y él va dar tú las peticiones de tu corazón,

Tenemos la esperanza y la alegría de Dios.

El ejemplo: El amor de Dios da un cristiano nuevo gran deléitate.

La Risa – El sonido de riendo cual es el sonido del gozo la paz, la felicidad.

La paz es el gozo. Lv. 23:1-2

La paz es la calma, el resto, y el silencio

El ejemplo: La paz va venir cuando el cervantes de Dios obedecer su.

Cuando tenemos el gozo que venir de Dios tenemos un atributo especial.

El Espíritu Santo -es nuestro maestro

Tenemos la alegría no importa lo que viene en nuestro camino.

Comprender y la experiencia la verdadera la adoración.

Una calma en nucstro espíritu.)

La paciencia a crecer y dejar que los demás crecer.

La paz –la calma, el silencio y el resto

La calma – pensar de el mar

Un día de verano el tranquilo

La calma es una forma de la paciencia.

Nunca debemos tomar ventaja de la paciencia de Dios.
Josué 23:16

El ejemplo: Los cristianos muestra que ellos confianza en Dios no importa lo doloroso de la situación tal vez. Tenemos gozo porque Dios es nuestra esperanza

El silencio – libre, de no ruido, sin movimiento.
Hebreos .4:9-11

El cristianismo no puede oír de Dios muchas veces hasta ellos son silencio.

Cuando los cristianos son en una batalla, sabe que Dios es Dios.

El ejemplo: Cuando los cristianos son silencio los individuales reciben la sabiduría de Dios. Ellos también reciben la interacción de Dios como y mensaje para el problema de la vida.

Necesitamos descansar así nuestro cuerpo físico podemos ser en paz bien nuestro emociones eres calma así podemos ser consistente con nuestro la adoración.

Debemos descansar así podemos tener energía en espíritu a la adoración Dios.

El relájese – mucho descanso

El resto es también sueño y Dios permite nos a resto.

El ejemplo: Cuando el Cristiano resto, son preparándose para el campo de batalla. Es uno de las cosas los cristianos necesitar a lucha una batalla.
He. 4:1-13

El Relajación – a hace o convertirse en menos firme.

Cuando los cristianos dejar de ser ellos mismo diario problema viene, ellos experiencia la tensión.

La tensión – indicante que somos no confiando Dios con todo nuestra corazón Ex. 16:2

Recordar cuando experimentamos la tensión en nuestras vidas debemos orar, leer la biblia, y creer.
Sal. 62:1-2

Cuando tenemos paz nosotros tener heredado mucho de los atributos de Dios.

Dios de la confianza

Soy feliz porque Dios vive en mí.

El Gozo

Mostrar la misericordia a otros.

Bueno oyente

Mucho el sufrimiento – La paciencia

Podemos tomar nuestras tiempo una dejamos el tiempo

necesitamos a crecer en Dios. Podemos dejar otros a

Crecer en Dios por ser paciencia con ellos.

Dios tiene paciencia con nos que es uno camino el muestra su amor.

La mansedumbre desarrolla los atributos de Dios tal como:

    a. Desarrollando una equilibro en el disciplina miento.
    b. Cambio el corazón a amor cuando necesario.
    c. ser amable con los demás.
    d. Ayudar desarrolla buenas habilidades de escuchar.

La bondad – el mayor, el positivo, el derecho

El mejor – excelentísimo deseable, lo máximo que se puedes ser.

Dios quiera nuestra mayor en sirviéndole.

Cuando servimos otros y dar otros nuestra mayor. Es el mayor camina es a convertirse en gusta cristo. Rm. 7:6

El positivo – Es importante a tiene una actitud positivo cuando son servir Dios.

La actitud – el pensamiento, el actuando y el sintiendo

Una actitud positivo significar puedes realmente permitir que Dios a usar tu a hacer una trabajar para él.

Gn. 39:21

Usted será un gran ejemplo para otros que server a Dios.

Derecho – Usted vive por valúes de Dios.

Como un sirviente usted vive por representando los valores de Dios.

El ejemplo: El individuo que se pone de pie para que represente Cristo. No importa si todo el mundo está en contra de pie para qué es derecho.

a. La bondad es producto de los atributos de Dios
   Apóstale Pablo dijo, Dios es primero y siempre.
b. La actitud positivo
c. Defender lo que es correcto
d. Desarrollar la dignidad por haciendo un Bueno trabajar para Dios.
e. Desarrollar el auto-estima porque dio Dios tu mayor.
f. Te sientes bien acerca de su propio valor que se basa en el amor de Dios él tiene para ti.

La fe – La creencia, La confianza

Cuando usted cree debe venir de corazón a ser acepta da por Dios. Rm. 10:9

Creyendo es una acción. Gn. 15:6

El ejemplo: Los Cristianos debe creer la palabra de Dios que él es Dios.

Dios va permitir nuestra fe a crecer en la situación de

El problema.

La confianza – aseguramiento y audacia

La garantía – La seguridad

La seguridad se basa en la palabra de Dios.

Cuando somos garantía este es cómo nuestro padre celestial tiene tomado el cuidar de sus hijos.

La seguridad los cristianos sentir comodidad en Cristo.

Los cristianos saben que hay seguridad en cristo.

Sabemos que Dios nos protegerá todos los días.

Aquí la Lista de la gente que represente Dios.

El apóstol Pablo el testigo valientemente a otros a ganar almas para Cristo.El ejemplo: Los cristianos deben aprender cómo a levantarse y difundir la palabra de Dios audazmente entre el incrédulo.

La confianza es creyendo y confiando en Dios. Cuando desarrollamos la confianza que representa los atributes de Dios.

1. La confianza se basa coraje
2. Construye la fe
3. Appends a conifer realmente Dios
4. Hace que usted está parado en la palabra de Dios.

5. Quita el miedo
6. Desarrollar la seguridad en Dios
7. A desarrollar o aumentar la esperanza

La mansedumbre – la paciencia y no mostrar enojo ser muy humilde.

El Humilde – evitar que los cristianos en función de la fuerza de Dios.

Los cristianos que son humildes aprenden o orar por lo que realmente quieren. Que están muy consistentes en la oración.

La gente de Dios necesita a aprender como a ser humildes en orden a ser un bueno sirviente.

El ejemplo: A veces los cristianos hacen cosas para Cristo pero no hacer tener la humidad.

Dios usa la humildad a desarrollar el auto-control.

CAPITULO DOCE

El liderazgo

Presidente de los Estados unidos, La Casa de Representantes, Senadores y líderes públicos oremos por ellos.

Tu gran amor lo tengo presente, y siempre ando en tu verdad...
Salmos 26:3

Hagan lo que hagan, trabajen de Buena gana como pare el señor y no como para nadie en este mundo.
Colosenses 3:23

Presidente de los Estados unidos, La Casa de Representantes, Senadores como se lee los siguiente Escritura de pensar y orar para nuestros líderes públicos.

Tu gran amor lo tengo presente, y siempre ando en tu verdad.
Salmos 26:3

El Señor omnipotente es mi fuerza: da a mis pies la ligereza de una gacela y mis pies como un ciervo.
Habacuc 3:19

DIOS LLAMADAS LA GENTE COMÚN

Dios usa gente común. Dios usa todo tipo de personas a hacer a trabajo.

Jacob – Un mentiroso Gn. 27
José – Un esclavo Gn. 39-47
Moisés - Un pastora en el exilio Ex. 4:19
Gedeón – Un agricultor Jue. 6:11
Jefe - El hijo de una prostituta Jue. 11:1
Ana – Un ama de casa 1 S. 1
Ester- Un huérfano Ester2:7
María- Un una niña campesina Lucas 1:28-38
La Madre of Cristo Lucas 1:27-38
Mateo – Un recaudador de impuestos
Mateo 9:9
Lucas – Un Médico Griego
Colosenses 4:14
Pedro – Un pescador

Mateo 4:18-20

No la persona es perfecta y nosotros va nunca será perfecto. Él es importante ese nosotros necesitar a crecer ser maduros como en Cristo Jesús.

¿Qué estás tú contribuir como líder? (Esto es para ti.) (Es de personal.)

___ Entender Salmo 119:34

___La honestidad Isa. 33:14-16

___ La disciplina Gá. 5:16-26

___ La tolerancia Rm. 14:1-10

___ La Integridad Pr. 28:6

___ La resistencia Jr. 29:1-14

___ El compromiso Mt. 13:18-23

___ La humildad Mr. 9:33-35

___ El fiel Mt. 26:3

___ La pasión 1 S. 17:39-52

___El optimismo Lucas 21:18

___La comunicación 1 Ti. 4:12

___La determinación 2 Ti 4:47

___ La alegría interior Fil. 4:4-5

___ La Integridad Sal. 78:72

___ La justicia Mt. 7:2

___ El estímulo Juan 14:1

___ El auto-sacrificio Mr 10:42-45

___ El eficiente 1 Pe. 4:10

___ La capacidad de escuchar Dt. 5:1

___ La valentia 2 Co. 5:10

___ La responsabilidad Pr. 24:11-12

___ La visión Mt. 19:16-30

___El respecto Pr. 9:10

___ La compasión Mt. 14:14

___ El entusiasmo Ef. 6:5- 8

___ La capacidad Sof. 1:19

___El perdonador Mt. 18:21-22

___ El peligro Pr. 22:3

___ La apreciación Ro.12:10

___ De Apoyo Gá. 6:2

___ La discernimiento 1 R.

___ La hospitalidad Rm. 12:3

___ El mansedumbre Sal. 62:5

___ La gratitud 1 Co. 4:7

___ La sabiduría 1 R.3:9

___ La disponibilidad Mr. 1:17-18

___ El creativo 1 Ti. 4:14

___ La disponibilidad Mr. 1:17-18

___ El creativo 1 Ti. 4:14

¿Qué hace yo necesitar en trabajar en como líder? Pone una marca de verificación por cada uno de característica?

Que son sus habilidades de transferencia que le ayudará a usted un líder?

Ejemplos: Trabajando con las mujeres

Trabajando con los niños

Las habilidades de ser un empleado VIP

1.

2.

3.

4.

5.

¿Que son su regalos espirituales que se pueden utilizar como un líder?

Romanos 12 1 Corintios 12

La exhortación

La administración

Dándole 1 Corintios 12:1-11

Liderazgo

El Discernimiento

La Misericordia –

Ayuda

La Profecía De

El Servicio Sanando

La Enseñanza Conocimiento Milagros Efesios 4:11

La Profecía

El Apóstol

Enseñanza

La Evangelización

Dr. Arie Louise Forshe, Ph.d, MSW

El Pastora/ La Pastora

La Sabiduría

Las Lenguas Hablando en

La Interpretación

La Profecía

Una Persona Común

Ester Fortalezas y Talentos En Tiempo de Angustia

El Libro de Ester

Ella vive por el ejemplo: El Ayuno 4:16 El fiel a otros 4:12-14

Una mente abierta 4:15

(Ella escuchar a Mardoqueo)

La aceptación del evento 4:15-16

Intercesor 4:16

El valor – a ir ante el rey

Fe en Dios 4:16b

Estaba sola La organización 5:3-5

Su Creatividad – banquete 5:4

La paciencia - segundo banquete 5:8

Honestidad 7:3-4

Asertiva 7:5-6

Fiel (a su gente):

¿Que son sus fortalezas y habilidades? Aquí están algunas posibilidades.

1. La Capacidad de escuchar Dt. 51
2. Disponibilidad Mc. 1:17-18
3. El Compromiso Mt. 13:18-23
4. El creyente Col.1:10
5. La Palabra Jn 14:1
6. El entusiasmo Ef. 6:5-8

7. La justicia Mt. 7:2
8. El que perdona Mt. 18:21-22
9. La Gratitud 1 Co. 47
10. La Humidad Mc 9:33-35

Tengo una Problema Hoy

¿Qué fortalezas o habilidades va ti uso?

Una mente abierta

La honestidad La organización

La creatividad

El auto-control El intercesor

El fiel en Dios

CAPITULO TRECE

¿Qué Pasa?

Vida es lleno con las lecciones individuales. Si tú no haces aprender las lecciones el primero tiempo, las lecciones eres repetido.

Éxodo 5:1-2

1. "Después Moisés y Aarón entraron a la presencia do Faraón y le dijeron: Jehová el Dios de Israel dice así: Deja ir a mi pueblo a celebrarme fiesta en el desierto. 2. Y Faraón respondió: ¿Quién es Jehová, para que ye oiga su voz y deje ir a Israel? Yo no conozco a Jehová ni tampoco dejaré ir a Israel.

Dios prometido su gente lo harían ser liberado.

Ex. 7:4-22 - La Plaga de Sangre

Ex. 8:1-15 - La Plaga de Ranas

Ex. 8:20-32 - La Plaga de Moscas

Ex. 9:1-7 - La Plaga de Ganado

Ex. 9:8-12 - La Plaga Forúnculos

Ex. 9:13-35 - La Plaga Granizo

Ex. 10:1-20 - La Plaga Langostas

Ex. 10:20-29 - La Plaga Oscuridad

Ex. 11:1-10 - La Plaga Primogénito

¿Que está las lecciones que Dios querer tu a aprender?

LOS JUEGO QUE LA GENTE JUEGA

Los juego que la gente juega en el liderazgo en trabajar y incluso en nuestras iglesias. Gn. 27:27

1. Jacob engaño a Esaú de su derecho de nacimiento y bendiciones Laban, el tío de Jacob le dijo su si trabaja para siete años, que pudo casar su hija Raquel. Jacob

trabajado siete años, su tío le dijo que no podía tener Raquel. Que lo haría tener a trabajar otros siete años. Jacob trabajado otro siete, así que pudo casar Raquel.

Jacob, Esaú y su tío Laban tuvieron el problema.

Principio número uno: tratas a la gente la forma en que desea ser tratado.

VIOLACIÓN

Tamar fue la hija de rey David. Ella tuvo un hermano nombre Absalón y medio hermano Nombre Ammón. Amnón fallar enamorado con Tamar. Él quieró a tomar su a cama. Su amigo le dijo su a fingir que estaba enfermo. Cuando su padre rey David visitarlo, pregunte a su padre a dejar Tamar venga y cocinar para ti. Ammón tomó su amigo consejo.

Rey David habla con su hija Tamar sobre visitando su hermano porque él fue enferma. Ella fue y cocinado para su. Ammón enviado toda su criado lejos. Cuando ella trajo el comida, Ammón forzó su hermana en la cama y violada su.

Después de que él la violó, la odiaba más de lo que amaba su. Ella fue expulsada de su casa. Absalón aprendido que Ammón había hecho a su Hermana. Él digo su a ser silencio. Rey David aprendido que su hijo mayor tuvo hecho. Él fue muy enojar.

Dos años tarde Absalón tuvo un esquilar ovejas. ¿Absalón le preguntó a su padre podría toda su hermano venir? Absalón hecho un plan. Él tuvo su hermano asesinado.

Rey David aprendido que Ammón fue muerte. Rey David disgustado por un largo tiempo. Absalón huyó a Geshur. 2 Samuel 13

¿Que eres algunos de la cosas Tamar podría tener el experimentado como una víctima de violación?

LAS ESCRITURAS DE CONFORT EN RELACIÓN

ABUSO FÍSICO

Col. 3:19

Ef. 5:21
Jn. 10:10
Fil. 2:4

COMER EN EXCESO

Lc. 7:34
Lc. 21:34

EL ABUSO VERBAL

Sal. 57:4

MANIPULACIÒN

Mt4:57
Lc. 14:11
X. 16:14-16

VIUDA

ADAPTARSE A UN NUEVO ESTILO DE VIDA

Tamar Gn. 37-38
Noemí Rt. 1:3-5
Zerua 1R. 11:26-31
Ana Lc. 2:36-38
Rut Rt. 2:2
Orfa. Rt. 1:4

LA GENTE EN LA BIBLIA QUIEN EXPERIENCIA DEPRESION

Moisés Nm. 11:15
Jonás Jon. 4:3
Elías 1R. 19:4
Isaias Is. 6:5
Saul 1S, 28:13
Mardoqueo Est. 4:1-7
María Magdalena Jn. 20:13

Adán – El Primero Zoólogo

Nombrado a todo los animales Gn. 2:19
Animales Animales tienen un significado espiritual también.
León – Poder real y fuerza Proverbios 30:30
Oso - Gran Coraje 1 Samuel 17:3-4
Gorrión – Libre de la ansiedad Mateo 10:29-30

Búho – Solitario Salmos 102:6-7
Lobo – Orden y unidad
Génesis 49:27
Caballo de batalla - Fuerza que el miedo simulacro
Job 39:19-25
Halcón – Sabiduria Job 39:26

INCESTO
GN. 19:30-38
1 CR. 5:1

VIOLACIÓN
GN. 19:18
GN. 34:27-29

SEXO
DT. 23:17-18
PR. 5:18-20
1CO. 7:35
1CO. 7:9
1TS. 4:8

ADICTO A DINERO
2R. 5:20-27
2CR. 25:9-10
SAL. 37:21
PR. 18:11
EC. 10:19
MT.18:30
MR. 11:15-17
MT. 23:13-14
MR. 10:26
LC, 6:35
LC. 18:24-27

ALCOHOLISMO
GN. 9:20-27

EST. 1:10-10
PR. 23:29-30
PR.3:4-7

PREJUICIO
GN. 5:35
JOS. 4:4

CAPITULO CATORCE

Una Vida Sin Equilibrio

El ejercicio - ¿Eres tratar hacer tu problemas desaparecer?

"Porque el ejercicio corporal para poco es provechoso." 1 Timoteo 4:8

La glotón - ¿Estás comiendo los alimentos a quita tu dolor?

El hijo de hombre es venir comer and bebida, y ye dice no el glotón. Lucas 7:34

"Que vuestros corazones no carguen de glotonería y embriaguez y de los afanes de esta vida." Lucas 21:34

El sexo - ¿Haces quiere sexo cada día? ¿Haces necesitar sexo diario?

"Oísteis que fue dicho: No cometerás adulterio." Pero yo os digo que cualquiera que mira a una mujer para codiciarla, ya adulteró con ella en su corazón. Mateo 5:27-28

Tu Voz - ¿Está totalmente fuero de control?

Mi vida está entre leones: Estoy echado entre hijos de hombres que vomitan llamas: Sus dientes son lanzas y saetas, y su lengua espada aguda Salmos 57:4

El Dinero - ¿Hace dinero control tu decisiones (Fuente Principal)

"Porque raíz de todos los malezas el amor al dinero el cual codiciando algunos, se extraviaron de la fe, y fueron traspasados muchos Dolores 1 Timoteo 6:10

El Problema Con El Sexo

Gn. 34:27-29 Gn. 39:9

Dt. 23:17-18 Jue 16:5

Pr. 5:3 Pr. 6:25-35

1 Ts 4:18 Pr. 7:25-28

Ro. 1:26-27 1 Co. 6:13

Pr. 2:20 1 c. 6:19-20

Lv. 20:10-21

Pr.. 2:16

Ro. 1:26-27

Pr. 2:20

1Co. 7:35

El problema Con El dinero
2 R. 5:20-27 Mr. 10:17-23
2 Cr.25:9-10 Mr. 10:26
Sal. 37:27 Lc. 6:35
Pr. 18:1 Lc. 18:24-27
Ec. 10:19
Mt. 18:30
Mr. 11:15-17
Mt. 23:13-14

La comodidad de El cuerpo
Col. 3:19
Ef. 5:21
Jn. 10:10
Fil. 2:4
El Glotón
Lc. 7:34
Lc. 21:34

El Problema con La voz
Sal. 57:4

El Problema con Bebiendo Alcohol
Gn. 9:20-27
Est. 1:10-10
Pr. 23:29-30
Pr.4:7

La violación de La persona otra El cuerpo
(Sexo)
Gn. 19:18
Gn. 34:27

El problema con El sexo de Miembro de Familia
Gn. 19:30-38
1 Cr. 5:1

El problema Con El sexo
Gn. 34:27-28 Gn. 39:9 Lv. 20:10-21
Dt. 23:17-18 Jue 16:15 Pr. 21:16
Pr. 5:3 Pr. 6:25-35 Ro. 1:26-27
1 Ts. 4:18 Pr. 7:25-28 Mt. 57-28
1 Co. 6:13 Pr. 2:20 1 Co. 6:19-20
1 Co. 7:35

CAPÍTULO QUINCE

Las cartas

Fecha: 27 de Febrero 2015

Gracias Papá por haciéndome un consejero de abuso de sustancias voluntario en noviembre de 1984. En 1985, me convertí en un empleado para trabajar con las mujeres Después de ese período, comencé asesoramiento en otras áreas en el campo. Tenía mi propia práctica privada para muchos años. Después de ese período, comencé asesoramiento en otras áreas en el campo. Tenía mi propia práctica privada durante muchos años.

Amor Luisa

Fecha 27 de Febrero 2015

Querido Papá:

En agosto de 1998, asistí a una conferencia de las mujeres y el próximo mes que estuve apoyo para comenzar a enseñar en una escuela bíblica. Yo sólo era un consejero. Y la otra maestra eran pastores, ministros, y uno era un doctor en teología. Fui miedo oré diciendo mi Papá toda.

Todos en el cuarto se le dijo a orar. La profecía fue la fuerza, y una señora me dijo que he pasado mucho tiempo con usted. Yo te he preparado. Tengo ordenado tú a enseñar mi palabra dijo Al Señor, ahora llegar enseñar.

Gracias Papá!
Amor Luisa

Fecha: de Febrero 2015
Gracias Papá por de Ministerio de Louise Forshe
LOUISE FORSHE MINISTRIES
2000- 2013
El fundamento de estos ministerios se basa en 1Corintios 12: 27-28

27 Ahora bien, vosotros sois el cuerpo de Cristo, y cada uno individualmente un miembro de él. 28 Y en la iglesia, Dios ha designado: primeramente, apóstoles; en segundo lugar, profetas; en tercer lugar, maestros; luego, Milagros; después, dones de sanando, **ayudas**, administraciones, diversas clases de lenguas.

Esta es una Ministerios de Ayudas

Las damas - comida y ropa
Les bebés - ropa, pañales, comida, leche, champú, y
Les hombres - hombres de colonia
Asilo de Ancianos - dulce, bombón, galletas y La palabra de Dios
Los ancianos - comida, pañales para los ancianos, dulce, bombón y galletas
Los niños - ropa y de útiles escolares
Las Biblias *-Inglés y Español*
Una vez una becas - de $ 500.00 para colegio
2000-2010

El seminario de día dela madre con muchos presentadores
2000-2013 – Las cárceles y prisiones

Escribe en la cárcel en muchos estados
Hacia como también cambiando el estilo de vida de las mujeres por medio de el siminario y conferencias en la comunidad. En **2001,** el ministerio convirtió inglés y Español.
Dios tiene estos ministerios en suspenso por ahora.

Fecha: 28 de Febrero 2015

Gracias Papá por haciéndome un pastora Junio de 2004, eres maravillosas. Sólo aprendido de otro pastora femenina en la zona en ese momento.

Amor
Luisa

Fecha: 28 de Febrero 2015

Gracias Papá estás gran porque tu valentía Tú me dio valentía.

En 2010, durante el tiempo que estuve en paro porque estaba trabajando la práctica privada y que no le presté dinero suficiente para hacer extremo se encuentran. Yo quería aprender español, pero yo no tenía el dinero suficiente para tomar una Clase de Español.

Durante el tiempo que estuve en paro porque estaba trabajando la práctica privada y que no le presté dinero suficiente para hacer extremo se encuentran. Yo quería aprender español, pero yo no tenía el dinero suficiente para tomar una clase de Español. Dije, yo querer a aprender Español. La maestra miró en la clase y entonces ella miró en mí. Ella dijo tener un asiento. Hoy la clase es bilingüe.

Amor
Luisa

Fecha: 3 de Marzo 2015

Querido Papá:

Estoy contento que tú me pone en la radio.
Es mi pequeña estación de radio 5/2012.
He predicado en inglés y español al mismo tiempo. 1/2007,
Inglés y swahili 12/2007,
Inglés y polaco de 2008, y
Inglés y francés 2010.

Gracias Papá

Las fechas se han cambiado en las siguientes cartas de abajo.

6 de Enero 2014

Querido Papá:

Quiero mucho puedo hablar tú alguno tiempo siento que quiero a o necesidad de. Yo nunca tiene a espera hasta tú llegar a casa. Yo siempre saber cómo a alcanzarte.

Papá necesito un carro. Papá gracias para el cosas tienes dar me esta semana.

Te amo Papá.
Luisa

04 de Enero 2014

Papá gracias, para amarme y dándome así mucho de tu atributos. Gracias para mostrando mi amor y compasión, ésta semana gracia. Papá para demostrando mi cómo a levantar mi espíritu con el fruta del espíritu. Gracias Dios para haciendo cosas por mí.

Te amo.
Tu Hija Luisa

12 de Enero 2014

Querido Papá:

Recuerdo vuelta en Enero cuando le pregunte para fechas que podría tener para coordinar seminario para el año. Quería estos fechas así que podía satisfacer las Necesidades de la gente en la comunidad. Yo pregunta para 9 de octubre, papá, tu recordar permítame que yo naciera en ésta feche anos hace. Quería pasar este fin de semana viendo tu bendices otros.

Cuando digo bendiciendo, yo significar, cambio la vida de otros. Me siento usted debe ser bendecido en mi cumpleaños. Porque tú me permitió vivir un año más. Papá, quiero ser una bendición para tu este fin de semana.

Te amo
Tu Hija Luisa

20 de Febrero 2014

Querido Papá:

Sabes que yo estaba en la iglesia hoy y me sentí, yo necesitar una respuesta sobre de mi situación. Fui al baño y yo empezó a orar. Mi Papá sabe que yo quería dar su mí mejor y hacer mi mejor. Antes yo terminó orando, Dios tuvo cambiado mi situación. Entonces había llamado al altar.

Fui hasta el altar y comenzó a hablar con mi padre. He oído su dice Tengo repuesta tu oración. Yo dije.

Gracias Señor. Después de que me seque las lágrimas de mis ojos. Tuve a decir gracias Papá.

Amor
Tu Hija
Luisa

26 de Febrero 2014

Querido Papá:

Gracias para que me despertaba por la mañana temprano 2:00am en la hora de la medianoche. También hablando en mi cabeza durante el día, gracias Papá que usted pensó lo suficiente de mi para usarme mi para escribir este libro. Papá tú eres grande impresionante porque tu usado mi habilidades a que me permitid aprender. Que habló a mi nivel de educación. Usted habla en el nivel de tus niños.

Papá, sé que tu podría tener dado esta asignación a otra persona, pero usted me lo diste, Te amo Papá.

Esta asignación me hace sentir tan especial. Gracias papá, por ésta asignación. Usted diste mi la dignidad y la aumente mi valor y confianza porque de ti.

Amor
Tu Hija Luias

2 de Marzo 2014

Querido Papá:

Gracias por permitiendo mi a vivir otro años. Hoy es mi cumpleaños como tú ya saber. Papá quiero a ser una bendición a tu en mi cumpleaños. Las 7:00pm a noche allí va ser a seminario para familias. Bendecir a las familias aqui en el seminario. Dejar tu luz brillo a través de mí cuando hablo y orar en noche.

Doy tú el honor, la alabanza y la gloria. Luego en Domingo las 9:00am, voy hablar en la bendición a la familia de ancianos. Papá por favor tocar los jóvenes en el mundo, y los ancianos. Darles un deseo a querer a saber quiénes tus eres. En Lunes, voy a la tomar una gira de uno de los hogares de ancianos locales.

Te amo
Tu Hija Luisa

Papá es hay algo más puedo hacer para tu ésta semana. Te amo papá, tú eres tan bueno a mí. Tú haces mí sentir así especial por el camino tú cuidado para mí.

Papá, quiero a siempre se fiel a ti. Papá, a mostrar tú que tengo un profundo amor por usted, también. Realmente espero que te estoy aceptables en tu los ojos. Me gusta llamando tú papá.

Amor
Tu hija
Luisa
Louise

PAPÁ TE AMO
POR FAVOR AYUDAME
MANTENGA LOS OJOS Y MI MENTE
CONCÉNTRESE EN USTED.
PAPÁ SER LA MANZANA DE MIS OJOS

GRACIAS PAPÁ POR ESTA ASIGNACIÓN

Ahora papá si eres terminado usarme, prepárame para la próxima asignación. Papá dame que necesito, así voy ser lista para próximo tiempo. Papá, eres mi primero amor.

Tengo tratar a ser obediente a ti y vivir por tu palabra. Espero qué te estoy agradando ti. Por favor dime si no estoy agradando ti. No lo hago querer mi trabajar en vano. Papá, quiero a escucharte decir una día decir bien hecho.